DÉPÔT LÉGAL À PARUTION

ISBN : 978-2-35241-371-4
IMPRESSION, RELIURE : DRUKARNIA SKLENIARZ, POLOGNE

Jérôme Derache
Michaël Roux
Mista Blatte

TEAM Blast

BD ★ MOUSSE

SAC PLASTIQUE
LES MUSÉES C'ÉTAIT PLUS RIGOLO AVANT ...
SAC PLASTIQUE 2BCR.
UN MUSÉE ABANDONNÉ... VOILÀ CE QU'ON NOUS A LAISSÉ !
PNEU
BIDON
PIZZA
DES CHEWING-GUMS COLLÉS PAR TERRE ...
... DES COLLECTIONS DE SACS PLASTIQUES OU ENCORE DES BIDONS !
LES VOILÀ NOS DINOSAURES À NOUS.
ALLEZ SACHA, CHANGEONS DE PIÈCE !

AMANDINE, T'ES SÛRE QUE TU NE VEUX PAS RENTRER À LA MAISON ?!
ARRÊTE UN PEU DE TE PLAINDRE ! ET PUIS ÇA NOUS CHANGE DES JEUX VIDÉO !
GNA, GNA, GNA ... ON DIRAIT MAMAN...
TIENS, UNE PORTE ?!
AAAGLM ! FERMÉE À CLEF !
CHOUETTE, ON RENTRE ALORS ?!
OUI ! ON VA RENTRER ! ...
... MAIS PAS À LA MAISON ...
MAIS ARRÊTE !!! T'AS PAS LE DROIT ! SI ON NOUS VOIT ?!!
ARRÊTE AMANDINE ÇA CRAINT UN MAX ...
CLIC !
OUVERT !
MAIS QU'EST-CE ... QU...
WOOOUUUWAAAH !!!

TOUTES CES COULEURS, C'EST MAGNIFIQUE !
ET PUIS CES ODEURS MMMMM...
MOI JE DIS QU'ON N'AURAIT PAS DÛ ENTRER... IL Y A UN PIÈGE, C'EST SÛR...
MAIS TU VAS ARRÊTER DE FAIRE TON RONCHONCHON !
JE DIS JUSTE QUE ÇA PUE !
SNIF! SNIF!
TU... TU... AS RAISON, IL Y A COMME UNE ODEUR DE... DE TRUC TOUT POURRI...
NON... C'EST CETTE HISTOIRE QUI PUE, AMANDINE...
ÇA VIENT DE PAR LÀ !!!
SNIF! SNIF!
ARRÊTE-TOI ! TU... TU VAS ME... TE PERDRE !!!
ÇA VIENT DE LÀ !!!
T'APPROCHE PAS! ÇA PEUT ÊTRE DANGEREUX!
C'EST JUSTE UN COMPOSTEUR SACHA !

GNNN!!!
GNNNNN!
SI... SI ÇA SE TROUVE, IL Y A UN ZOMBIE DEDANS!
RASSURÉ, MONSIEUR LE PEUREUX ?!!
PAS LA MOINDRE TRACE D'UN...
ZOMBIE!
MAIS T'ES PAS CROYABLE TOI.
AAAAAAAAA!
ARA...
AAAAAAAAA!
AAAAAA...
...
AMANDINE ?!!

COURAGEUX ...
COURAGEUX ! COURAGEUX ! COURAGEUX !
...
COURAGEUX !!!
CLAMP !

HEIN?!!
AAAAAAAAAA!!!
SIDONIE, MA BELLE, ON NE MANGE PAS LES INVITÉS!
RELÂCHE-LE DANS LA SALLE DES MACHINES...
MAINTENANT!

OUTCH!
TPW!!!
BONJOUR JEUNE HOMME!
AAAAAAA
LE ZOM... LE ZOM... LE ZOM...
IL BEGAIE, NON ?!
TOUT VA BIEN SACHA, JE SUIS LÀ!
ET PUIS ROB EST UN GENTIL ZOMBIE!
GENTIL ?

C'EST JAMAIS GENTIL UN ZOMBIE ! ÇA NE PENSE QU'À MORDRE OU NOUS BOUFFER LA CERVELLE !!!
ET AVEC QUOI JE TE MORDRAIS, J'AI PRESQUE PLUS DE DENTS !
ET VOTRE COURGETTE LÀ ?!! ELLE N'A PAS VOULU ME CROQUER ELLE ?!!
CE N'EST PAS UNE COURGETTE, C'EST SIDONIE !
... ET C'EST UNE PLANTE CARNIVORE ! ELLE T'A SÛREMENT PRIS POUR UN DÉCHET !!!
J'AI PAS UNE TÊTE DE DÉCHET !
QUOI ?! DÉJÀ ?!!
ON EST ARRIVÉS...
ARRIVÉS OÙ ÇA ?!

QUELQU'UN PEUT M'EXPLIQUER ?!!

ON RENTRE PAS CHEZ NOUS ?!!
ON DOIT RÉGLER QUELQUES PETITS DÉTAILS AVANT...
DES PETITS DÉTAILS GENRE GROS TRUC NOIR DÉGOÛTANT ?!
OUI, C'EST LE MONSTRE DU BLACK LAGOON ET NOUS ALLONS LE DÉTRUIRE !!!
AH OUI, ET COMMENT ?
AVEC CES JETPACKS SPÉCIALEMENT ARMÉS AUX ENZYMES GLOUTONNES DE SIDONIE !!!
WAOUH! ON SE CROIRAIT DANS SOS FANTÔMES!
COOL MERCI !!!
JE TE L'AVAIS DIT QU'IL ÉTAIT GENTIL!
SIDONIE : SURVEILLE LE BATEAU.
MAINTENANT ALLONS DISSOUDRE DE LA GÉLATINE...
JUSTE POUR INFO, NE JAMAIS CROISER LES EFFLUVES.
POURQUOI ?
ÇA SERAIT MAL !!!
?

LE BLACK MACHIN, IL EST LÀ !!!
PRIORITÉ : ARRÊTER LA FUITE ! SUIVEZ-MOI !!!
IL EST HORRIBLE !!!
ARMEZ VOS JET-PACKS !!!
IL FAUT STOPPER LES MACHINES POUR ÉVITER QUE LE BLACK LAGOON CONTINUE À GROSSIR ...
SALLE DES MACHINES
SOYEZ SUR VOS GARDES !

AMANDINE, AIDE-MOI À VERROUILLER LES VANNES, RÉGLEZ LE THERMOSTAT À ZÉRO! MOI J'ACTIVE LES PORTES DE FERMETURES.
SACHA, PROTÈGE NOS ARRIÈRES.
C'EST QUEL BOUTON LE... LE THERMOTRUC?
LE ROUGE!
PRESSION À 80...
...50
...30
...10
ZÉRO!
PRESSION STABLE.
PARFAIT!
FERMETURE DES PORTES DANS 3, 2, 1...
ZÉRO!!!
ET C'EST QUOI L'IDÉE APRÈS?!

COURIR !!!
POURQUOI ON LUI BALANCE PAS NOS EFFLUVES CARNIVORES ?
PAS À L'INTERIEUR, ÇA RISQUERAIT DE FAIRE EXPLOSER LA SALLE DES MACHINES...
TOUS SUR LE PONT !!!
AMANDINE À DROITE, SACHA DE L'AUTRE CÔTÉ ! JE ME METS DEVANT !
LOADING...
PRÊTS ?!!

ENZYMES GLOUTONNES!
BRÖÖÖZ!!!
NIAK!
NIAK!
NIAK!
NIAK!
NIAK!
NIAK! NIAK! NIAK! NIAK!
NIAK!
NIAK! NIAK!
NIAK! NIAK! NIAK! NIAK! NIAK
LES ENFANTS À VOUS!!!
TPW
TPW!
TWP
TPW
LOADING........
LOADING......
NIAK! NIAK! NIAK! NIAK! NIAK! NIAK! NIAK!

ÇA MARCHE!!! HA! HA! HA!!!
GÉNIAL LES ENZYMES LE DÉVORENT!!!
LE BLACK LAGOON N'ÉTAIT EN FAIT QU'UN SIMPLE POISSON ENGLUÉ!!!
ON FAIT MOINS SON MALIN!
REMETTEZ-LE À L'EAU ET RETOURNONS AU BATEAU.
BON ET MAINTENANT ON PEUT RENTRER À LA MAISON?
IL FAUT QUE JE VOUS EXPLIQUE DEUX, TROIS TRUCS...

DONC VOUS VOUS APPELEZ ROBERT DULE ET VOUS ÊTES UNE SORTE DE ZOMBIE ÉCOLO C'EST ÇA ?!!
À PEU PRÈS, OUI !!!
MAIS APPELEZ-MOI ROB, C'EST PLUS FUN !
ET QU'EST-CE QU'ON VIENT FAIRE DANS CETTE GALÈRE, NOUS ?
FALLAIT PAS ENTRER CHEZ MOI ! DANS MON JARDIN
LE... LE MUSÉE ? C'EST CHEZ VOUS ?
OUI C'EST CHEZ MOI, ÇA TE GÊNE ? J'AI PAS LE DROIT DE VIVRE DANS UN MUSÉE ?!
SI... SI...
C'ÉTAIT JUSTE UNE QUESTION...
PARDON...
ALLEZ, ON OUBLIE. CES AVENTURES ONT DÛ VOUS OUVRIR L'APPÉTIT, NON ?!
AH OUI, JE CONFIRME !
ALLEZ VOUS SERVIR DANS LE FRIGO !

T'AS VU COMME IL S'EST ÉNERVÉ ?!! C'EST LOUCHE !
J'SAIS PAS ! J'ARRIVE PAS À RÉFLÉCHIR LE VENTRE VIDE !
PFFFFF !!! GOURMAND !
? ?
DITES DONC ROB, IL N'Y A RIEN DANS CE FRIGO ...
AH BON ?!
PSIIIIT ! PSIIIIT !
VOUS ÊTES SÛRS ?!!
OUAIS, AUSSI VIDE QUE LE CERVEAU DE MON FRÈRE !
ROHHH... JE SUIS SURPRIS, PAS MÊME UN PETIT PLAT QUI TRAÎNE ?!!
NAN.
NAN.
HEY !!!
À TOUT À L'HEURE !

SACHA!!!
ici ...
ON GÈLE... C'EST HORRIBLE...
iL EST GÉANT CE FRiGO BRRRR...
OU ALORS C'EST NOUS QUi SOMMES DEVENUS MiNUS...
AGLA GLA...
VOUS ATTENDEZ QUOi ? LE DÉGEL?!!
ROB?
DÉPÊCHEZ-VOUS, LE DANGER S'APPROCHE!!!

C'EST QUOI CE DÉLIRE ?!!
KRRR
FRANCHEMENT JE NE VEUX PAS LE SAVOIR !
KRRRR.
KRRRR
KRRRR...
LA GLACE FOND SUPER VITE ! ON EST MAL ! ON EST MAL !
SAUTEZ VERS MOI !
ATTRAPE MA MAIN !!!
VOUS AVEZ EU CHAUD HEIN ?!!

ON EST OÙ ENCORE ?!!
METTEZ ÇA !!!
NOUS SOMMES EN ANTARCTIQUE, LE FRIGO DU MONDE.
LE CONGÉLATEUR PLUTÔT ...
JUSTEMENT SACHA, LE CONGÉLATEUR A TENDANCE À TROP SE RÉCHAUFFER... VA FALLOIR AGIR !
ENCORE !
JE VOUS PRÉSENTE **EMILE LE KRILL !**
UNE CREVETTE ?!
LE KRILL EST MANGÉ PAR TOUS LES ANIMAUX DE L'ANTARCTIQUE, ET SI J'AI BIEN COMPRIS EMILE, LUI ET SES CONGÉNÈRES EN ONT ASSEZ ! HEIN EMILE ?!!
DEPUIS QUELQUE TEMPS LES KRILLS SE CACHENT ICI PRÈS DES VOLCANS ... METTANT EN DANGER L'ÉQUILIBRE.
BAH ALORS KRIKRILL ON VEUT PLUS SE FAIRE MANGER ?!
LA SITUATION EST GRAVE SACHA !
OK !

LES VOLCANS DE LA RÉGION SONT EN COLÈRE PAR LEUR FAUTE... CE QUI ACCÉLÈRE LE RÉCHAUFFEMENT CLIMATIQUE !
LE MONDE ENTIER EST EN DANGER ...
HÉ BEN QUI AURAIT CRU QU'UNE SI PETITE CREVETTE POURRAIT CRÉER DE SI GRANDS PROBLÈMES !?
VOTRE MISSION, LES ENFANTS EST DE CONVAINCRE LES KRILLS DE SORTIR DE LEUR CACHETTE !
NOUS ?!
ON PARLE MÊME PAS LE KRILL ...

BON... J'ARRIVE AMANDINE!
POP!
OH PUNAISE!!!

NOTRE SURVIE DÉPEND DE VOUS... ENFIN, SURTOUT LA VÔTRE, MOI JE SUIS DÉJÀ MORT.
PLITCH!
?
JE PLONGE PAS LÀ-DEDANS MOI ! ELLE DOIT ÊTRE MEGA FROIDE ! HEIN ?!
MMM ...
HEY!
PLOUF!
ÇA VA PAS LA TÊTE, Z'ÊTES VRAIMENT PAS COOL !
ET POURQUOI VOUS NE VENEZ PAS, VOUS ?!
T'AS DÉJÀ VU UN ZOMBIE NAGER ?!!
DÉPÊCHE-TOI DE REJOINDRE TA SOEUR.

ON DIRAIT QU'ON LEUR FAIT PEUR ?!!
NOUS VENONS EN AMIS... VOUS... VOUS COMPRENEZ ?
JE CROIS QUE OUI !!!
VOILÀ 20 MINUTES QU'ILS SONT DESSOUS, POURVU QU'ILS RÉUSSISSENT.
EN TOUT CAS LES VOLCANS ONT L'AIR DE SE CALMER...
BRRRRRRRRR

?
MISSION ACCOMPLIE ! LES KRILLS NE SE CACHENT PLUS.
MAIS ILS NE BOUDAIENT PAS À CAUSE DES AUTRES ANIMAUX MAIS À CAUSE DE L'HOMME !
AH BON ?!
IL Y A QUELQUES ANNÉES LES HUMAINS SE SONT RENDUS COMPTE QUE...
TPW !
TIC !
... L'HUILE DE KRILL POUVAIT ÊTRE UTILE ET RAPPORTER BEAUCOUP D'ARGENT !
HUM... JE VOIS !
DEPUIS L'HOMME PÊCHE LES KRILLS EN TROP GRAND NOMBRE, C'EST ÇA ?!
TIC
TPW !
OUI, EN FAIT ILS SE CACHAIENT DES HOMMES, ILS EN ONT PEUR.
MAIS ON A PROMIS QU'UNE FOIS RENTRÉS CHEZ NOUS, ON EXPLIQUERAIT AUX HOMMES QU'IL FAUT LAISSER LES KRILLS TRANQUILLES.
OU... TRANKRILL ! HA ! HA ! HA ! HA !

C'EST DONC LA PEUR DES KRILLS QUI RENDAIT FURIEUX LES VOLCANS !
OUI ! ET GRÂCE À NOUS, C'EST FINI !
TCHEK !
MISSION ACCOMPLIE, ON RENTRE CHEZ NOUS !
CHEZ VOUS ?!!
BIEN SÛR... BIEN SÛR...
ET COMMENT ON FAIT POUR RENTRER ?
OH ! C'EST SIMPLE ...
FUiiiiiiiiT !
SIDONIE !

MAIS C'EST TOUT GRAS !!!
AH LA COQUINE HÉ! HÉ! HÉ!
ELLE EST PARTIE VOIR CURUPIRA !
CURUQUOI ?!
VOUS NE CONNAISSEZ PAS CURUPIRA ?!
ALORS ACCROCHEZ-VOUS JE VAIS VOUS LE PRÉSENTER ...
AAAAAAAAAAAAAAAAAAAAA
DIRECTION LE BRÉSIL !!!
HOP, ON EST ARRIVÉS !
ON SAUTE !
DÉJÀ ?
COMMENT ÇA, ON SAUTE ? ...

ALORS LÀ, JAMAIS DE LA VIE.
YAHOOO!
TROP COOL!
ATTERRISSAGE NICKEL!
ET SACHA, IL EST OÙ ?!
LE VOILÀ!
AAAAAAAAAAAAAAAAAH!
AAA
TADAM!!!

INCROYABLE !
OUAIS JE SAIS, JE SUIS TROP BALÈZE !!!
PAS TOI BANANE ! MAIS REGARDE CET...
GNA GNA GNA.
ARBRE !
C'EST MAMY, UN SUMAUSA ! LE PLUS VIEIL ET PLUS GRAND ARBRE DE LA FORÊT AMAZONIENNE !
EN AMAZONIE ? COMMENT C'EST POSSIBLE ? IL Y A DEUX SECONDES ON ÉTAIT AU PÔLE SUD ?
ÇA, C'EST GRÂCE À SIDONIE AIRLINE.
HEY ! IL Y A PLEIN DE TRUCS À MANGER AU PIED DE MAMY !
ET LÀ, DES PAQUETS DE BONBONS VIDES !
SUIVONS LA PISTE. ELLE NOUS MÈNERA SANS DOUTE À SIDONIE ET CURUPIRA !
MAIS C'EST QUI, CURUPIRA ?
LE PROTECTEUR DE LA FAUNE ET LA FLORE !
BEN DIS DONC.
IL EST DÉGEU POUR UN PROTECTEUR
POURTANT, IL Y A QUELQUES ANNÉES, C'ÉTAIT UN GENTIL GARÇON ROUX TOUT MENU AVEC SES PETITES DENTS VERTES ET SES PIEDS À L'ENVERS !
MAIS ÇA, C'ÉTAIT AVANT ...
!?!
AVANT QUOI ?!!

L'HOMME BIEN SÛR TOUJOURS LUI!!!
CURUPIRA VIT À L'INTÉRIEUR DE MAMY ET LA COUTUME A TOUJOURS VOULU QUE...
... CELUI QUI VENAIT CHASSER FASSE UNE OFFRANDE À CURUPIRA!
DEPUIS QUELQUES ANNÉES LES OFFRANDES NE SONT QUE CHIPS, BISCUITS ET BONBONS...
GRATOS OUAH LA CHANCE!
NON! PAS LA CHANCE C'EST TRUFFÉ D'HUILE DE PALME!
GLUPS!
CETTE MÊME HUILE POUR LAQUELLE L'HOMME DÉRACINE L'AMAZONIE!
... LE POUMON DE L'HUMANITÉ!
ON VA PAS S'ÉNERVER POUR SI PEU...
PEU? TU AS DÉJÀ ESSAYÉ DE RESPIRER SANS POUMONS?!
BAH NON ...
OH! ILS SONT LÀ!!!

SIDONIE! CURUPIRA! MES PETITS, MES TOUT PETITS!
PAUVRE GARÇON! DANS QUEL ÉTAT T'ONT MIS CES SUCRERIES!
T'AS VU SES PIEDS?! C'EST TROP CHELOU!
ILS SONT VERTS!
ET À L'ENVERS...
BRRRRRRRR
BIEN SÛR, ILS VONT PROFITER DE LA FAIBLESSE DE CURUPIRA!
LE SOL, IL TREMBLE...
MAIS NOUS SOMMES LÀ!!!
VENEZ LES ENFANTS!

ILS VEULENT S'EN PRENDRE À MAMY !
NOUS ALLONS DEVOIR LEUR PROUVER QUE NOUS MÉRITONS D'ÊTRE ...
TPW
LES PROTECTEURS ...
... DE LA NATURE !!!
C'EST LE NOM DE NOTRE ÉQUIPE ?!!
HEU ... C'EST NAZE ...
FAUT UN NOM QUI CLAQUE !
MYSTÉRIEUX ET COOL ! UN NOM ANGLAIS ÇA FAIT INTERNATIONAL !
GENRE GUARDIANS OF THE GALAXY !
ÇA EXISTE DÉJÀ !
LES X-MEN ?!
TEENAGE MUTANT NINJA TURTLES ?
RICK AND MORTY ?!
FOUR FANTASTIC ?!
KLANG KLANG KLANG
L'ENNEMI EST LÀ ! ET IL DÉTRUIT TOUT !
SCRÖÖA
KLANG !
VTLRRRRRR

ON... ON PEUT RIEN FAIRE, IL EST TROP FORT !!!
IL FAUT TOUJOURS ESSAYER !

ZWIT
ZWIT
ZWIT
ZWIT
ZWIT
ZWIT
ZWIT
KLANG!
ENFIN, LE COUP DU BÂTON FALLAIT S'Y ATTENDRE
NON ?
VA FALLOIR LA JOUER EN ÉQUIPE !
EN PARLANT D'ÉQUIPE, ON A TOUJOURS PAS LE NOM DE LA NÔTRE !

Röö
Röööö
RÖÖÖ? C'EST TOUT POURRI COMME NOM...
SIDONIE!
CURUPIRA!
ATTENDEZ J'AI TROUVÉ!!!
MAIS ARRÊTE, TU VOIS BIEN QUE C'EST PAS LE MOMENT POUR TROUVER UN NOM D'ÉQUIPE!
BURP... RÖÖÖÖÖ...
NON, J'AI TROUVÉ LA SOLUTION POUR SE DÉBARRASSER DU COUTEAU SUISSE LÀ BAS...
HEU... LE GAMIN QUI ROTE
BIEN SÛR...
DÉPÊCHEZ-VOUS, IL APPROCHE!!!
SIDONIE, DISPERSION! ROB, DISTRACTION!
AMANDINE... J'AI PLUS DE RIME EN -TION...
... OUVRE SON RÉSERVOIR D'ESSENCE!!!
RÖÖ!!!
VIENS CHERCHER LE NONOS!

KPWKPW...
TSiiii
TSiii
TSCHiiiii
TCHiiii
TSiiiii
TOC! TOC! TOC!
?
RÉSERVOIR OUVERT !!!
ZZZTT!
RAOOO!

MAIS... MAIS COMMENT VOUS AVEZ FAIT ÇA ?!! UN SIMPLE ROT?!
ROOOTOTOOO
PAS UN SIMPLE ROT. UN ROT REMPLI DE SUCRE !
ET SUCRE ET ESSENCE NE FONT PAS BON MÉNAGE.
BIEN JOUÉ !
PLUS DE SUCRERIES CURUPIRA, PROTÈGE LA FAUNE ET LA FLORE.
OUI ROB !
OUI JUSTE DE TEMPS EN TEMPS ...
IL EST TEMPS DE RENTRER CHEZ NOUS LES ENFANTS !
TUTUTUT ! HORS DE QUESTION !
TANT QU'ON A PAS TROUVÉ NOTRE NOM D'ÉQUIPE, ON RESTE ICI !
ATCH !
C'EST QUOI ENCORE CE TRUC ?!!
TEAM BLAST ...
Team BLAST
COMICS
LES HEROS DE DEMAIN
TU FAIS COMME TU VEUX, NOUS, ON RENTRE !!!

JÉRÔME DERACHE - MICKAËL ROUX - MISTA BLATTE